Ausgebrannt

Lyrik

immer noch

Bibliografische Information der Deutschen Nationalbibliothek: Die Deutsche Nationalbibliothek verzeichnet diese Publikation in der Deutschen Nationalbibliografie; detaillierte bibliografische Daten sind im Internet über dnb.d-nb.de abrufbar.

TWENTYSIX – Der Self-Publishing-Verlag
Eine Kooperation zwischen der Verlagsgruppe Random House und BoD – Books on Demand

Herstellung und Verlag:
BoD – Books on Demand, Norderstedt

ISBN: 978-3-7407-0720-0

Ja

Alles verändert sich
ich schau überall hin
ich weine noch sicherlich
du warst mein Sinn

Ich habe es versucht
jedes einzelne Jahr
Liebesreisen gebucht
du bleibst der Star

Gehst wenn du gehen musst
ich denke dankend zurück
Wir haben die Liebe gewusst
für mich war es Glück

Das mit dir erlebt zu haben
was ist mir da die Welt
oder die unentdeckten Gaben
was ist mir da das Geld

Wir waren ein eigener Planet
ich habe die Welt jetzt verstanden
gelohnt zu leben wie gedreht
Komm mir nie wieder abhanden

Das waren mehr als fremde Wochen
und viel zu wenig Sehnsuchtstränen
fast hörte ich es nicht mehr pochen
Die Oberfläche wollte sich sehnen

Du warst das Beste was mir geschah
ich suchte das gleiche was ich verlor
und plötzlich war ich nicht hier da
Der Horizont nimmt uns nie das Tor

Leg deine Hand noch in die meine
so wie es immer zwischen uns war
Das uns das nahm sich nie der eine
den ich weiß du bist der Star

Vergänglichkeit

Ohne Tränen wäre es kalt
Sie sind die Perlen der Liebe
Meine zu Dir ist Jung und Alt
Fern körperlicher Triebe

Das ich nicht weine wäre gelogen
Und diese Lüge lügt sich nicht
Kein Tränenfluss zum Regenbogen
Vereinzelt wie dein Gedicht

Ohne Sehnsucht wäre es vorbei
Auch wenn es Vergänglichkeit weht
Ich empfinde mich zu Dir frei
Nichts bleibt was sich versteht

Abschiedstränen möcht ich gläsern
Handgemacht und Mundgeblasen
Zart berührt von grünen Gräsern
Form ich Sie liebend in den Rasen

Erinnerung kann ich dich halten
Weh mir nicht zu schnell hier fort
Ich will die Perlen schön gestalten
Denn er verlässt den Ort

Lass mich Himmel Ehre formen
In sinnlicher Demut Dankbarkeit
Abschied zeige mir deine Normen
Perlentränen sind an der Zeit

Und ich hab sie unsere Perle
Wie eine Träne die lacht
Und ich schenk sie diesem Kerle
Bursche es ist bleibend gemacht

Auszeit

Der Frühling ist nah
Bunte Enten schnattern
Weiße Federn sind da
Die über Seen flattern

Fliegend ist die Natur
Eine Welt hält inne
Menschen in Burnout Kur
Lesen Poesie der Sinne

Und all die Erkühlten
Vom Schnee bedeckt
Wie sie sich fühlten
Als der Frühling sie weckt

Und wie sie jetzt schweben
Zu sich selbst zurück
Entspannter Leben
Das ich kehrt zurück

Generation

Wo warst du an dem Tag
Ich gratulierte deinem geboren
Ein Junge kam und lag
Da hab ich's uns verloren

Ich saß auf ihn willst's nicht wissen
Oh Gentleman mein Traum
Im Park aus tieferem Vermissen
Kurz nach zwölf am Baum

Doch immer noch da denk ich dich
Fehlst mir Generation
Die Feder fragt Mensch liebt er mich
Im Herz meiner Projektion

16 Stunden

Sehnsucht ich halte
halte dich aus
Schmerz ich gestalte
dich und mich raus

Zieh über Felder
oh raus übers Land
Flieg über Gelder
Lass mich Verstand

Raus ihr Gefühle
Ihr Tränen vom Glück
Ihr Bilder der Stühle
Ich setz mich zurück

Da wo ich liebte
so Mädchen naiv
Wo niemand mir's diebte
so Seelentreu tief

Lass mich Sprache sein
Sätze nach draußen binden
Dein innen ist nicht allein
Lass mich ach dich finden

Montag

Es ist zehn Uhr Morgen
Ich fühle den Verschluss
Die Wände meiner Sorgen
Ein Verschließen vor dem Kuss

Die Vögel zwitschern sommerlich
schönes Wetter überall
Eine Lyrik denkt an dich
Ich bin der freie Fall

Schwebend durch die Reise
Wie können Bilder fliegen
So liebend still und leise
Und wie sie wieder siegen

Ich bin die brennende Wand
Ausgebrannte Realität
Schwinde mir Verstand
Und lieb mir nicht zu spät

Der Mai in seiner Pracht
Vom Lachen bis zum Sinn
Hat warmen Frieden mitgebracht
Du strahlst und ich bin

Maskenlos

Ich brenne aus
Neue Zeit
Zum Opernhaus
Ist´s nicht mehr weit

Ich laufe Schatten
Komm wir gehen
Und all die Satten
Moderne der Ehen

Ich hol dich ab
Zur alten Poesie
Kutschen im Trab
Sag´s mir Magie

Denn dieses Jahrhundert
Verbrennt mir mein treu
Was mich verwundert
Ich bin nicht aus neu

Komm wir springen
Ins alte Leben
Wenn alle singen
Sind wir vergeben

Wir tanzen Ästhetik
Auf unserem Stern
Moral und Poetik
Wir lieben uns gern

Mond

Brennt dir der Mond
Wie die heiße Sonne
Bleibt Blitz mir verschont
Nach dir wieder Nonne

Befreit mich dein Trieb
Ist Liebe noch groß
Ich hab dich tief lieb
Leg dich ins Moos

Und grüne Grasflecken
Schimmern im Schein
Feuchte Erde entdecken
Küss mich zum dein

Und der Mond küsst grün
Die Sonne der Lust
Im saftigen blühn
Die Welt reift bewusst

Jonny

Du gehst ohne Selbstliebe Werther
Auf meinen Lippen Triebe Verehrter

Du hängst wie nie gehangen
Hängst an mir und nicht
In unserer Jugend gefangen
Ewiges Mädchengedicht

Ich sterbe deiner Zweifel noch
Im neunten Jahr überleben
In deinem schwarzen Loch
Feigheit im Sinn vom Streben

Strebst durch Wörter zum Wort
Das Gefühl mir zu beschreiben
Lässt Kunst hier bist dort
Am Ende bleibt`s mein Schreiben

Werther allerliebstes Herz
Du bringst mich Sehnsucht um
Bist du freier ohne Schmerz
Mensch lieben ist so dumm

Verliebt

Es ist Sonntagmorgen
Meine Zeit
Eine ohne Sorgen
In Zweisamkeit

Wüsste ich nur die deine
Was du mit ihr machst
Lässt mich hier alleine
Ob du in Fragen erwachst

Denn ich fragte Fragen
Jetzt warte ich in dir
Ich könnt dir alles sagen
Doch keine Antwort hier

Und die Zeit tickt Stunden
Spiegelt meine Ungeduld
Schlägt in alte Wunden
In die Fragen meiner Schuld

Was wäre Sehnsucht ohne schweigen
Was wäre ein Film ohne Dreh
Gefühle die sich dir zeigen
Doch Gedanken verwelken den Klee

Seele

Du bist Denkmal
ich lehne mich an
Du bist Lichter Saal
Ein getexteter Bann

Ich suchte dich auf
mit vierzehn schon
Im lyrischen Lauf
Texte und Ton

Aber heute du Stadt
Kann es sich drehen
Was er noch hat
Ein Wind im wehen

Am Platz meiner Sorgen
wo Kunst mich fängt
Ich dichte uns morgen
Berlin war verdrängt

Menschlich

Wir sind fremdes Leben
Chancen von versuchen
Ich will dir etwas geben
Mit jeder Chance besuchen

Könnte ich dir nur sagen
Das ich diesmal bleiben will
Ich schaffe dich nicht zu fragen
Das Gefühl ist seltsam still

Wir sind getrennte Herzen
Ein Weg Leben in Ferne
Aufgewachsen kalter Schmerzen
Ich such mich durch die Sterne

Das war dieser Meereswind
Tief ins Herz geweht
Mit drei war ich dein Kind
Mir hat die Seite gefehlt

Dichter

Das Echte bleibt der Nachwelt unverloren
Lasst Goethe die Liebe wieder lehren
Dichter werden einsam geboren
Ihr Lübecker Geister im verehren

Lasst Eichendorf den Mond neu erfinden
Günter Grass für immer leben
Wir könnten zusammen Sterne verbinden
Durch den Dichter Himmel Streben

Ich bin bei dir wenn du weinst
Und einsam wenn du`s bist
Weil du lächelnd in mir scheinst
Der letzte große bleibt vermisst

Wir könnten Schiller Fragen stellen
Eine Rilke Reise buchen
Die Vergänglichkeit erhellen
Und für mich Brecht besuchen

Wenn ich dich rufe bist du da
Es bricht die neue Zeit heran
Du bist ihr voraus und nah
Und du wirst zum Mann

Wir könnten Engel sein
Sei jetzt stark mein Held
Alle lassen Sie uns rein
Wir dichten uns zur Welt

Bolzano

Meine Angst ist deine Angst ist meine
Wenn du wegschaust schaue ich
Schaust du schaue ich weg wie deine
Bin ich mutig fängt deine mich

Wohin mit der Angst im wiedersehen
Soll ich laufen soll ich bleiben
Willst du Freundschaft soll ich gehen
Soll ich´s sagen oder schreiben

Ich habe genauso Angst wie du
Vor meinen Gefühlen und Liebe
Schaust du weg dann schau ich zu
Ist es nur dein Traum der Triebe

Soll ich kommen soll ich schreien
Bester Freund und liebster Feind
Soll ich ihm das uns verzeihen
Oder dir statt mir wenn`s weint

Sag jetzt nicht Bolzano blickt
Spreche kein Geschwätz mehr aus
Nicht wenn uns die Zeit so tickt
Komm einfach nur nach Haus

Immer noch

Manchmal träume ich dich noch
Dann sind alle Kleider weiß
In Frühlingsnähe wissen wir doch
Es brennt für uns nicht heiß

Und die letzte Braut der Meere
Ausgebrannt wie Aschenlicht
Das ich dich im Traum verehre
Wann verbrennt nur dies Gedicht

Dich zu lieben ist verzeihen
Weil die Welt mir schmerzlos wird
Deine treuen Augen leihen
Ein Schleier der Jugend irrt

Mein Ring der Träume deiner Hand
Mein Herz der Liebe im Ade
Meine Erinnerungen im Verstand
Nicht deine Braut zu sein tut weh

Aber der Frühling bringt Wunder
Du wirst gehen wie ein Mann
Deine Liebe ist mein gesunder
Ich werde gehen wenn ich kann

Freunde

Ersehnte Zärtlichkeit
Wie du mich streifst
Schönste Zweisamkeit
Priester du reifst

Und dieses kleine Glück
Verletzter Schrammen
Bringt mir mein Feuer zurück
Ich fühle neue Flammen

Mein Liebchen klingt
Und Gott schenkt mir Leben
Die Krankheit ringt
Wir beten ins streben

Müdester Kampf
Die Hälfte ein Riss
Weihrauch im Dampf
Wir dämpfen den Biss

Wie ich mich jetzt wecke
Wenn´s Leben mich ruft
Mit einer Zecke
Neu eingestuft

Hey sagst du Anke
Lässt mich ziehen zum Sein
Und ich sag Danke
Dein Autismus kein Stein

Für dich

Am Meer verweilen
Schön wie das Glück
Sich nie mehr beeilen
Der Mond scheint zurück

An Freude zu denken
Mit jedem Wind
Zu Hause im schenken
Aus dem wir sind

Schmerz

Ich lehne mein Kopf an die Wand
es ist ja nur mein Kopf
Ein Arzt hielt meine Hand
Ängste strömten durch den Tropf

Ich habe immer geglaubt
und ich atme Notaufnahme
Wer hat mir heute den Engel geraubt
Teufel ich bin deine Dame

EKG wir proben Blut
und prüfen alle Organe
Ich wünsche Gesundheit ich atme Mut
Nichts mehr was ich plane

Leistenschmerzen über Wochen
Körperlich wie die Welt zerfetzt
Doch das Herz scheint gut zu pochen
Los wir finden uns jetzt

Ich lass das Leben zerfallen
ihn nur einmal wiedersehen
ich lass den Ultraschall zerschallen
Was ist so schwer zu ihm zu gehen

Kunst

Kalte Wickel um meine Waden
Fiebrig glüht die Stirn
Ich verlor lang den roten Faden
Zu viele Träume in meinem Gehirn

Coyboys singen vom Western
Sie haben sich vermehrt
Ich aber denke nur an gestern
Wir haben uns nicht gewehrt

Ich blieb dir da ich blieb dir brav
Als wären wir die Liebe
Mich weckte dein Duft aus tiefem Schlaf
nicht schon wieder Triebe

Wie leer ist diese Blumenvase
Aus meiner müden Spritze
Dein Parfüm in meiner Nase
Erweckte mich zur Hitze

Was wäre wenn die Zeit nicht rennt
Wenn wir uns näher fühlen
Wenn alles wie hellste Sonne brennt
In ewig treuen Gefühlen

Trauma

Gestern war Herbst im Winter zurück
Und wenn du mich erbst verweile ich im Glück

Und sehe ich wieder Licht
Dann sind es deine Strahlen
Sie scheinen in mein Gedicht
Zwischen all dem kahlen

In´s hässliche will ich kaum schauen
Wenn Schönheit mich doch sucht
Kein Messerstich war dir vertrauen
Alte Wut hatte mich besucht

Sieh mich lächelnd wenn ich sinke
Denn nach dir geht die Sonne auf
Sieh mich glücklich wenn ich blinke
Deine Schönheit ist mein auf

Sieh mich liebend ohne Bild
Was ich hasste warst nicht du
Sieh mich schüchtern und nicht wild
Mach kurz die Augen zu

Liebster dein Künstlerkind
Sagt Amore in den Wind

Rock

Liebes Netz der Dichtung
Ich falle in dich schwebend
Mich fängt die gespannte Lichtung
Verknüpft sich überlebend

Meine Künstler die ihr mich haltet
Nehmt Lyrik Vernetzung in die Hand
Wenn ihr mich immer lebend gestaltet
Bringt mich Liebe um den Verstand

Kein Netz und keine Narkosen
Verbreiten sich glühend wie Fieber
Ich trag den Rock unter den Hosen
Weiche Leisten sind mir lieber

Anzeige

Ich gab eine in die Zeitung
Jedes Jahr im Herbst
Vermisse mich es schellte die Leitung
Bist du´s und was du erbst

Nein auch das hier bin ich nicht
vielleicht ja gut das kann schon sein
bist du´s denn nicht heißt du Gedicht
doch ich bin´s denn ich bin mein

Erst mit Dir bin ich vollkommen
und wir schweigen wie ein Grab
Nur mit dir bin ich gekommen
Was mache ich aus diesem Stab

Ist deine denn die meine Staffel
Mein Psychologe zeigt mir´s ich
Jetzt habe ich einen an der Waffel
und das find ich gut für mich

Manschettenknöpfe

Wenn alles ist
Wie es sein soll
Das Leben vermisst
Im Ursprung aus Moll

Ich dreh mich ins gut
Durch bunte Blätter
Ein Herbst färbender Mut
Zwischen all unserem Wetter

Dort an der Lichtung
Wo Meiningen springt
Im Blatt der Dichtung
Die Liebe besingt

Im warmtonigen Ahorn
Samt blau bezogen
Schau ich nach vorn
Dein Schloss ungelogen

Die Bilder im Kopf
Mein Gentleman schlau
Der goldene Manschettenknopf
Gefällt mir als Frau

Sei mir Realität
Wenn Träume schwinden
Und mir nie zu spät
Wenn Künste verbinden

Unvergesslich

Deine weichen Lippen heilen
wunderschön unkompliziert
ich lächle glücklich im Verweilen
Wie es sich verliert

Wir sind fern von Pflicht
unbedingt wiederholen im vielleicht
Der Wiederspruch ist mein Gesicht
Deine Lust hat mich erreicht

Das war gefährlich im berühren
du siehst es meinen Augen an
Wie deine Hände mich verführen
Ohne Zukunft unser Bann

Du bist frei wie meine Freiheit
Wie New York Statue
dein Gedanke wie meiner weit
Spontan sind wir Natur

Deine Küsse küssen süchtig
wenn ich wollte könnte ich
du bist mit mir eng statt flüchtig
Nicht verlieben in dich und mich

Der Weg

Zerplatze nicht du Welt der Träume
Schimmer über dem Regenbogen
Flieg durch die Weite über Bäume
Sei im Schwindel ungelogen

Schwindelgefühle lasst mich leben
Und fliegen übers Meer hinaus
Wenn Sonnenstrahlen im Regen beben
Und Farben schimmern im Applaus

Der Himmel der die Erde berührt
Er küsst das Meer der Frauen
und lieben sich Männer im verführt
So will ich auch dem vertrauen

Im Universum der neuen Liebe
Ein Schutz um unsere Blase
Ich brauche dich auch ohne Triebe
Zerplatze nicht neue Seifenblase

Burnout

Dringende Seelen Operation
Große Auseinandersetzung
Draußen blüht der alte Ton
Jede Sitzung eine Verletzung

Blackout und leere Blitze
Bye du hartes Jahr
Humor fängt Leere in die Witze
Alles zu wenig wahr

Die Tiefe wird gepflückt
damit das Blatt sich zeigt
es wird in Ordnung gerückt
Was schon so lange schweigt

Ich mache Sprünge im Sprung
hören wir auf damit mein Geist
Du regnest ewig Erinnerung
ich leide wenn du schneist

Es ist vorbei Jonny Boy
unser Silvester naht
Das Schlachtfeld der Liebe scheu
du stirbst im Stacheldraht

Bis gleich Zweitausendsechszehn
Eingehalten fast geschafft
ich kann mich ins Leben drehen
und du in deine Leidenschaft

Tanz mit mir den letzten Tango
Am Horizont unserer Meere
Küss mich im letzten nirgendwo
Nimm mir deine letzte Leere

Zehn Jahre Abschied an der Wand
Ein Schuss und alles schießt
Wie Versprochen löst du die Hand
Sekunden genau wie das Tor sich verschließt

Überlebt

>>Darf ich deine Tasche tragen?<<

Es war Herbst, als er ihr Gepäck durch die bunte, lebendige Hauptstadt trug. Er sah nicht aus wie ein müder Reisender, welcher sich als frisch gewordener siebundvierzig Jähriger alt fühlte und in der Gegenwart einer jungen schönen Frau Fragen an die Schönheit ausstrahlte. Er war schön und vielleicht nannte er ihr an jenem Herbsttag zu viele schöne Worte, sodass ihr Selbstbild alle Zweifel für einige Stunden verlor, als wäre der goldene Herbst so leuchtend wie die Augen eines Gentleman. Als wäre die Welt der Männlichkeit schön. Sein silbergraues Haar war an jenem Morgen zerzaust. Während er sich mit seiner linken Hand selbstbewusst durch sein kurzes Haar streifte, hielt er in seiner rechten Hand sein Gepäck und ihre Tasche. Seine kleinen, schmalen Lachfalten hoben sein zärtliches Lächeln hervor. >>Wie geht es der schönsten Frau Deutschlands?<<, fragte er und überquerte gelassen die Straße zum Hotel. Sie zwinkerte, als ob sie aus einem Trancezustand erwachte. >>Jetzt geht es mir gut<<, hatte sie ihm leise, verlegen geantwortet. Bis zum Frühstückssalon waren es ungefähr fünf sehnsüchtige Gehminuten.

Sie strich sich ein paar Mal mit ihrem Zeigefinger über ihre krumme Nase. Nur um zu prüfen, ob ihre angebrochene Stelle noch hügelig war, zupfte dann an ihrem langen Kleid herum, welches sie sich über ihre Jeans gezogen hatte und streichelte sanft über ihre Oberschenkel. Nur kurz. Nur um zu fühlen, ob ihre Problemzonen noch da waren. Sie wusste, dass sie ein hübsches sympathisches Lachen hatte. Und schöne weiße Zähne, warme liebliche Augen, erotische Lippen auf denen ein süßlicher Schmerz von alten Kusswunden lag, aber reichte es aus, um eine Prinzessin zu werden. Was war mit all den Demütigungen, welche sie von Kindheit an vom männlichen Geschlecht erfahren hatte, von denen sie sich auch in der Jugend nie verabschieden konnte, welche selbst in der Erwachsenen Frauenwelt Spuren hinterließen und jeglichen Genuss von Nähe und Liebe störten.

Die Sonne strahlte in die Eingangstür, welche er ihr in einer Verständlichkeit aufhielt, als hätte er in seinem Leben bisher nie etwas anderes getan, als der Weiblichkeit gekonnten Respekt zu schenken. Sie sah seine freie Zeit als Geschenk der kleinen Gesten, die für sie von großer Bedeutung waren. Er erfüllte ihren verborgenen, fast vergessenen Mädchentraum mit seiner

Anwesenheit und verwandelte mit seiner romantischen Ader den Salon in eine königliche Atmosphäre.

So muss es sich anfühlen, dachte sie sich, während er ihr die Platzwahl überließ und ihr ein weiteres Kompliment machte. »Du hast eine wunderschöne Figur«, flüsterte er ihr ins linke Ohr. Sein wienerisches Dialekt klang zärtlich. Er heuchelte nicht, er schaute sie achtungsvoll an, er manipulierte nicht, er schenkte Ihr Cafe` ein, brachte ihr Saft, streichelte behutsam über ihren Nacken, verträumte sich mit ihr in der Harmonie und in den wiegenden Bäumen, welche farbenfrohe Blätter von Ästen auf die Veranda abwarfen. Blätter, diese seinen Namen tragen könnten. Große und kleine Blätter vom Herbstanfang, diese ungesagte Worte auf die Natur projizierten und durch ein Traumbild schwebten. Sicher fühlte es sich so an, die innere

Schönheit einer wahren Prinzessin. Es war ein neues Gefühl, was sie erfuhr. Was auch immer es war, dieses Empfinden der Weiblichkeit, es fühlte sich wertvoll an. Sie wollte es festhalten. Sie wollte es in sich nie wieder verlieren. Sie wollte für immer einen Gentleman an ihrer Seite haben und zweifellos sein. Seine Augen waren hübsch, als hätten Sie nur hübsches gesehen.

>>Siebundvierzig<<, sagte sie laut. Sie bemühte sich, ihre Zuneigung zu unterdrücken, schaute sich in dem Saal um, ließ Ihren Blick über andere Frühstücksteller schweifen, blickte auf seine Reste und wiederholte sein Alter nachdenklich, während er knusprigen Bacon auf seiner Gabel zu seinem Mund führte.

Seine Lippen hatten eine schöne Form, welche aus seiner Schweigsamkeit wunderbare Wörter dachten. Seine liebevolle, ruhige Sprache schien ihrer gleich. Warum aber starrte sie ausgerechnet

in der Stille immer wieder auf seinen Gürtel.
Während sie nervös ihren Hunger stillte und ihr
stechender Schmerz durch die Äste der guten
Jahreszeit jagte, wurde ihr bewusst, dass sie sich
als lebendige Tote zu oft der Versuchung von
Jonny hingab. Immer wenn sie mit einem Mann
zusammen traf, spürte sie ein mächtiges Ziehen
ihrer zweiten Hälfte. Es war weder unheimlich
noch angsteinflößend. Durch die Zweige sah sie
dem irdischen Schicksal ins Auge. Die am
Fenster vorbeischwirrenden Blätter erinnerten
Anthonia an ihre unerfüllte Aufgabe, die
Geschichte von Jonny und ihr zu erzählen. Hin
und wieder kam ihr der Gedanke das
überwältigte Verlangen ihrer ersten Jugendliebe
zu ergründen. Jonny´s letzter Wunsch eine
lebendige Erinnerung zu bleiben, färbte sie wie
der Herbst. Sie fühlte sich der dunklen Aufgabe,
welche so bunt über der Erde hing, nicht

gewachsen. Mit sechsundzwanzig Jahren nicht und auch nicht acht Jahre später. >>Roman, wie die Zeit vergeht<<, flüsterte sie nachdenklich, versunken in die Natur.

Nach einigen schweigsamen Minuten warf sie Ihren Kopf zurück und lächelte ihn an. Ihr gefiel es, wie er sich zu ihr hingezogen fühlte und umso mehr er mit ihr seine Schönheit der Welt teilte, desto mehr veränderte sich ihr Lächeln zu einem Strahlen. In all den Jahren der Freundschaft ließ sein Interesse an ihr nicht nach.

Mit einem höflichen Blick stand sie vom Tisch auf. Dabei versuchte sie kerzengerade durch den Raum zu laufen. Sie wusste, dass er ihr nachschaut. In der Damentoilette zog sie sich ihren rotbraunen Lippenstift nach, rotbraun wie die Kastanien, welche durch die Welt der Farben schimmerten, legte ihre warmen Handflächen auf ihre glühenden Wangen und schaute lange in den großen Spiegel.

Die silberne Seifenschale funkelte in ihr Augenlicht, jenes Licht welches der Dunkelheit fern schien. Sie hatte zu viel Böses gesehen. Zu viel hässliche Vergangenheit. Zu viel Schmerz.

>>Anthonia<<, schrie er durch das Haus. Er, der Kranke, welcher sie als Tochter nie angenommen hatte. Er der unechte Vater.

Sein Haus war kalt. Das Küchenbesteck hing nach Größe geordnet poliert über der Spüle. Ein Messer für das Brot, ein Fleischmesser, ein Käsemesser, ein Obstmesser, ein Messer für Mutter mit Kind und ein kleines Gemüsemesser.

>>Wo hast du dich versteckt?<< Seine Stimme klang wie immer zynisch. Die Treppen knarrten, die Spinnen im Kellergeschoss verzogen sich in ihre Netze zurück, wenn er kam. Mit starren, mächtigen Napoleon Augen schlug er ihre

wachsenden Gehirnzellen gegen die Wand. Nicht einmal. Nicht zweimal. Sein Bauernschweiß verbreitete sich in ihrem dunklen Zimmer, wie die Stille des Ekels. >>Anthonia ist doch kein Name<<, schrie er in tiefster Verzweiflung und stillte seine Begierde. >>Anthonia, du bist nichts.<< Wie gerne wäre sie in solchen Momenten seiner unkontrollierten Ausbrüche nichts gewesen. >>Meine Freunde nennen mich Toni. Wie der Ton<<, schrie sie die Macht an. Er presste seine großen Hände auf ihren Mund. Sie schlug mit Fäusten auf ihn ein. >>Manche Menschen reden zu viel, ich rede zu wenig. Wenn sie mich Toni nennen, wollen sie mich an meine Sprache erinnern. Eines Tages werde ich Prinzessin. Eines Tages verlasse ich dieses Haus. Eines Tages kommt mein Prinz mich holen. Eines Tages bist du nichts. Meine Mutter wollte immer einen Jungen, Anton sollte er heißen.

Wäre ich Anton, wäre aus mir ein Gentleman geworden.<<

Brutal presste er seine starken Hände auf ihren Mädchen Mund und erstickte ihre vorlauten Sätze. Als sie nach Luft rang, hörte sie die Treppen knarren. Es war immer die zweite und die zwölfte Stufe. Er ging wieder in sein Reich nach oben und sie versuchte ihr unteres Reich wieder ins Schöne zu verwandeln. Dafür brauchte es Prinzenträume. Sie setze sich an ihren Schreibtisch und begann ihre Feder in ihr schwarzes Tintenglas zu tauchen.

Lieber Prinz,
hast du dein Pferd verloren? Wie kann die Welt ohne dich schön sein? Ich träume von einer besseren Welt!
Deine Prinzessin ist hier. Wo bist du?
Hochachtungsvoll, Anthonia

Als Anthonia ihr Spiegelbild betrachtete, viel ihr auf, das ihre Tränen sich zur Dankbarkeit verzaubert haben. Endlich war sie eine Frau geworden. Eine Frau im Schleier der Jugend. Sie leerte sich mit kreisenden Gedanken und Selbstgesprächen, drückte dann auf die Spülung. Was vorbei ist, ist gewesen. Es ist ausgebrannt. Was vor uns liegt, liegt im Glück der eigenen Hände. Als sie die Damentoilette verließ, bestellte Sie einen doppelten Klaren für ihren Freund Jonny, deckte eine dritte Tasse ein, setzte sich wieder an den runden, kleinen Tisch ihrer Platzwahl und versank in dem niedrigen Ledersessel.

>>Dein Cafe` ist schon kalt<<, rief ihr Roman zu. Sein silbergraues Haar schimmerte in der Sonne. Seine Stimme klang ruhig, wie die Blätter der Zeit, welche immer noch friedlich in seiner Harmonie auf den Boden der Erde landeten. Auf

alter Erde. Weiser Erde. Auf der Erde, diese die Welt kannte. Er suchte nach ihren Händen, als wüsste er was sie braucht, legte seine in ihre, so fest drückend, dass für einen Moment alles länger irdisch schien. >>Jonny trank seinen Cafe` immer kalt<<, antwortete sie.

Wie gerne wäre sie in dieser sehnsüchtigen Situation des Lebens einfach nur aufgesprungen und hätte in den goldenen Herbst geschrien. >>Du lässt mich in dieser maskierten Welt allein. Wie soll ich ohne dich Künstlerin sein.<<

Roman nahm den doppelten Klaren vom Tablett der Kellnerin und roch an der Flüssigkeit. >>Stell das Glas dort hinüber<<, bat sie ihm und schob ihren kalten Cafe` zum leeren Platz. Er sprang auf, holte einen dritten Teller mit Bacon und stellte diesen dazu.

Sie schaute aus dem Fenster in die Leere. Für einen Augenblick sah sie die Schattenseiten der

Jahreszeit. Sie betrachtete die verwelkten Blätter und dachte lange über die Vergänglichkeit nach.

Dann wendete sie ihr trauriges Gesicht wieder zu ihm, dem Herbstanfang am Frühstückstisch, dieser in ihre schweigsame Stille seine Zärtlichkeit streichelte.

Gelassen lehnte er seinen Oberkörper zurück und knöpfte die oberen Knöpfe von seinem glattgebügelten weißen Hemd auf. Sie beugte sich zu ihm vor, griff nach seinen Händen und liebkoste seine Finger. Am vierte in der rechten funkelte das Versprechen und sein Ehering machte sie hoffend. Ja, ein Gentleman, so wie er müsse es sein.

>>Roman<<, fragte sie sinnlich >>wird die Einsamkeit im Alter leichter?<<

Er half ihr in die Jacke, bezahlte und küsste ihre Wangen. >>Ich wäre auch gerne jemanden versprochen<<, fügte sie hinzu. Das klirrende

Geschirr der vorbeilaufenden Kellnerin übertönte seine Antwort. Draußen legte sich ihre Liebe zur Melancholie. Sie atmete die freie Hauptstadt ein und versank mit ihm in der rasenden Menschenmenge.

>>Darf ich deine Tasche tragen?<< fragte er ein Jahr später in der gleichen Zeit am gleichen Ort. >>Achtundvierzig, ich wollte dich heiraten, aber du wolltest nicht<<, lächelte sie scherzend im süßlichen Abschiedsschmerz und küsste ihn auf seine weichen Wangen. Längst waren die lyrischen Blätter der Gedanken verbrannt. Über die letzten Wochen und Monate überlebten nur die lebendigsten Erinnerungen das Gedicht der Mädchenträume. Liebe ist nur eine Illusion.

Anthonia nahm eine merkwürdige Veränderung in sich war. Jonny schien in ihr zu verbrennen, wie die Sehnsucht des Sinns. Es waren eigene Blätter, in welchen sie erstmals ihren Halt fand.

>>Du hast mich nie gefragt<<, antwortete Roman überraschend. Sie bedankte sich maskenlos für das jährliche Frühstück und verabredete sich mit ihm zum nächsten goldenen Herbst der Blätter.

>>Roman ist ein wunderschöner Name. Erinnert mich an Kunst. Namen sind Kunst. Geburtstage sind Kunst. Lieben ist Kunst. Das Leben auch.<<

Abschiedsstunde

Dieses Kribbeln diese Leere
Welch ein ängstliches Gefühl
Ob er jemals wiederkehre
Die Ungewissheit macht mich kühl

Tränen welche ich vergieße
Strömen voller Schmerz und Qual
Wenn ich ihn nur gehen ließe
Es erlöscht mein Hoffnungsstrahl

Geh nicht fort engelschöner Bote
Wenn ich ihn nur wiederseh
Ich fühle mich wie manche Tote
Leer oh Abschiedsschmerz tut weh

Mondschein

Heute geht´s mir nicht so gut
ich fühle mich allein
Es fließt die Leere durch mein Blut
Geblendet von des Mondes Schein

Kühler gelber kalter Mond
du blendest meine Gestalt
Sie wirkt so traurig unbewohnt
sehr einsam und sehr kalt

Es fehlt Ihr an Geborgenheit
Zuneigung warmer Liebe
sie kämpft gegen die Einsamkeit
Wünscht sich erfüllte Triebe

Mond du wirkst doch auch so kühl
Verlassen traurig klein
Komm wir teilen dies Gefühl
Im Licht in deinem Schein

Der sechszehnte Geburtstag

Der Drachen wehte im Winde
Möwen kreisten am Meer
Lachend sang Mutter mit Kinde
Ein Lied über die Wiederkehr

Glück in der Hand
dein Segelboot wehte
Champagner am Strand
Zur Geburtstagsfete

Im schönem Flensburg Bolero Klänge
Tränen der Zeit
Wassergeister der Gesänge

Der Drachen in Freiheit
du warst es nicht
Mit Tränen und Traurigkeit
Köstliche Speisen im Sonnenlicht

Siebzehn Winter sind vergangen
Erinnerung der Zeit
Siebzehn Sommer lieblich sangen
Die Möwen das Lied vom Hoffnungsleid

Das Liebespaar

Sie schenkt ihm rote Rosen
In der Dämmerungszeit
Zigarren und Spirituosen
Im durchsichtigen schwarzen Kleid

Er sieht in Ihr Gesicht
Ist glücklich und erfreut
Es scheint das kühle Mondlicht
Auf die beiden Leut

Die dunkle Nacht die schwarze Nacht
Er ist nicht allein
Der Mond besitzt die große Macht
Wächter der Liebe zu sein

Es schleicht ein leiser kühler Wind
Um seine schmale Gestalt
Sie küsst zärtlich das Geburtstagskind
Im ruhigen schönen Wald

Die dunkle Nacht die bezaubernde Nacht
Er ist nicht allein
Er ist sehr glücklich und er lacht
Sie trinken Bier und Wein

Er erzählt Ihr Geschichten
So viele liebe wunderschöne
Es wehen im Walde die Tannen und Fichten
Ach wie Sie ihm im Schein Verwöhne

Die dunkle Nacht die schwarze Nacht
Sie feiern zu zweit
Es singt sie tanzt nackt aufgebracht
In Ihrem durchsichtigen Kleid

Überlebt

Müde Lebendigkeit
mein Mut im Wagen
Die Jahre der Zeit
in einsamen Tagen

Tränen der Leere
dich wiederzusehen
noch war es Ehre
Jetzt ist's schon gehen

Ewiger Anfang ohne Schluss
Zeit ist auch schon tot
Schönste Lippen träumender Kuss
Schüchtern wird Lüneburg rot

Machst mich leise verlegen
Finstere Nacht
Lässt mich laut im Regen
Wie die Schönheit lacht

Schienen der Treue
Sterben ist friedlich
Im nichts ohne Scheue
Und alles ist wieder niedlich

Ballade

Ich verliebte mich auf Erden
Das schönste ist zurück geliebt zu werden

Augenblicke

Werden mich einmal die Engel fragen
so werde ich aufrecht zu Ihnen sagen
die schönsten Jahre hatte ich mit Dir

Werden mir einmal die Elfen wispern
so werde ich leise zu Ihnen fispern
die prächtigsten Reisen hatte ich mit Dir

Werden sich einmal die Philosophen informieren
so werde ich stolz darüber philosophieren
die besten Dialoge hatte ich mit Dir

Werden mich einmal die Trolle belauschen
sage ich das schönste Meeresrauschen
hörte ich mit Dir

Werden mich einmal die Götter schwanken
so möchte ich ehrfürchtig danken
für die schöne Zeit mit Dir

Gefühle

Schreiben will ich gern
Auf einem Künstlerstern
In jener kalten Winternacht
Ist das Werk vollbracht

Zeichnen will ich viel
Auf einem Stern im All
Nach einem kühlen Picasso Stil
Mal ich die Nacht finster und kahl

Singen will ich im Sonnenlicht
Mozarts Melodien
Scheinwerfer blenden die gute Sicht
Auf meinem Stern in Wien

Sprechen will ich das Goethewerk
Traurig, glücklich laut und leise
Auf einem Stern im Zauberberg
Künste Ihr sollt raus egal auf welche Weise

Kleeblatt

Ein erster heißer Sommertag
Vom Champagner im Hotel berichtet sie
Ein letzter Moment an dem ich sag
Ach diese Liebe vergeht wohl nie

Grüne Ahornbäume schützen sie im Schatten
Und lächelnd die blauäugige Sehnsucht im Park
Das wir einander einst so viel Freude hatten
Heut ist sie bei mir heut ist sie stark

Was macht ein Mädel in der Sommerzeit
Wenn es so liebevoll von der Mama umarmt
In ihrem süßen Lächeln ohne tiefes Leid
Ein Töchterchen sich zum Mitgefühl erbarmt

Wenn Hände sich streichelnd sanft berühren
Rauschend weht durch die Gedanken der Wind
Wenn sie sich weiter leidenschaftlich verführen
Und das Mädel bleibt ein gewünschtes Kind

Die verliebte Elfe

Auf einer kleinen Wiese im Sonnenschein
Versteckt hinter einem Berg
Pflückt eine Elfe zart und klein
Blümchen für einen Zwerg

Als die Elfe alle Blumen gepflückt
Klettert es auf den Berg
Mit dem Blumenstrauß ganz entzückt
Hält es Ausschau nach dem Zwerg

Doch keine Zipfelmütze weit und breit
Traurig wartet es im weißen Gewand
oh das Elflein tut mir Leid
Mit dem Blumenstrauß in der Hand

Es wartet traurig mit viel Geduld
Doch weit und breit kein Zwerg
da steht es einsam verliebt auf dem Berg
Und der Zwerg ist Schuld

Armes kleines Elflein
es wartete drei Tage
Zwei Nächte ohne Sonnenschein
es war enttäuscht von dieser Plage

Nie wieder war es verliebt
nie wieder hat es gewartet
Nie wieder Blumen geplückt
Und solch Aktion gestartet

Der Liebesgott

Gib mir einen schönen Kuss
Bitte nur noch einen
Einen wilden intensiven Schluss
Dass wir uns vereinen

Süchtig unleidlich den Lippen ergeben
Ach küss mich ohne Ende
Zungenspiel im Liebesleben
Küsse der Legende

Du küsst erstaunlich so selten gut
Gott der Energie und Liebe
Flammen des Feuers Wärme der Glut
Heiße Küsse ach endlose Triebe

Verzauberte Lippen unsterbliche Sucht
Oh dieses Liebesgefühl
Unbefriedigte Münder auf der Flucht
Oh Sehnsucht mach mich kühl

Gedanken

Es sprach das gestern zum heute
schön war der Moment
viele Stunden in der Freude
Schad dass die Zeit so rennt

Das heute schreit erregt begeistert
überlegt ruht in Bedenkzeit
hab ich das gestern gut gemeistert
war es so gut war es gescheit

Friedsam spricht das morgen
ich lebe von den Erinnerungen
Mit Sehnsucht ohne Sorgen
Ist das gestern gut gelungen

Eismeer

Weit vom Polargebiet stürmst du her
Eiskalter nordischer Wind
Von der Strömung und dem Meer
Träumte ich als Kind

Du säuselst um mein Leib
Bläst unbeirrt in mein Gesicht
In Sehnsucht nach der Meeresfreiheit
Träume ich vom Leuchtturmlicht

Ach Wind so lass dich spüren
Auf meiner kühlen Gestalt
Mein Haar sollst du berühren
So wehe energisch kalt

Ach Wind so grüß es mir
Das schöne eisige Meer
Tränen und Küsse schenke ich dir
Mein nordisch geliebtes Meer

Ängste der Nacht

Die Nacht ist fremd die Nacht ist kalt
Stille Schweigen Leid
Der Vollmond scheint im düsteren Wald
Mich drängt mich quält die Einsamkeit

Sekunden vergehen wie Stunden
Wo bleibt das Tageslicht
Es schreien in mir vergangene Wunden
Meine Seele weint mein Herz es sticht

Wer will schon alleine sein
Im grauen Nebelschleier
Traurig ängstlich schweigsam klein
Es naht die Totenfeier

Die sechsjährige

Es rauschen die Blätter
Im dunklen Wald
Es ist das Wetter
Denn es ist draußen kalt

Der Wind der Wind
Er schüttelt die Bäume
Die Sonne sie scheint jedoch noch hell
Der Wind der Wind aber pfeift durch die Träume
Die Tiere bekommen Ihr Winterfell

Jonny Song

In deinen Augen
sehe ich deine Seele
In deinen Augen
sehe ich wie sehr ich dir fehle
In deinen Augen
sehe ich dein Leid
In deinen Augen
spüre ich die Traurigkeit

Oh Jonny mein Jonny
Wie klein ist die Welt
Ach Jonny mein Jonny
Du bleibst mein Held

In deinen Augen
sehe ich dein Herz
In deinen Augen
seh ich dein Schmerz

Oh Junge mein Held
Wie klein ist die Welt
Das du mich gefunden hast

Schwesternmama

Ich liebe mich jetzt fühl mich nicht mehr allein
Blicke in den Spiegel warst du so wie ich
Wir trinken und philosophieren
immer noch beim Wein
doch selten sage ich Ich liebe dich

Ich sollte dir öfters Komplimente machen
als Baby ist man eigene Persönlichkeit
Ich sollte wertvoller mit dir lachen
dich schonen vor dem Zweifel in dunkler Zeit

Du sagst dass es immer so schön ist mit mir
Und ich sag endlich sind wir beide uns klar
weiß nicht wie lange ich bleibe bei dir
Manchmal streichelst du mir übers Haar

Im Erwachsen werden bleib ich dein Kind
Auch wenn wir nun die Augenhöhe teilen
Schwesternmama ich zieh mit dem Wind
In Freiheit ist`s schön bei Dir zu verweilen

Bei der Geburt als Kind scheint man rein
Ich habe viel reflektiert und gelernt
schön ist auch das mich das anders sein
nicht von Dir entfernt

Die Welt kompakt

Oh einziger ewiger Lebensabschnitt
Geliebter Prinz ach welch Gefühl
Abheben im mächtigen Schritt
Mond gewinne mich wieder kühl

Flink liebenswürdig eilend gut
Tanzende Lichtgestalten immer zu
Zukunftsweisende Kraft neuer Mut
Du oder ich Ich oder Du

Liebe ohne weltbewegendes Risiko
Sterbende Naivität hat jugendhaft gelacht
Einmalig die Tage heiter und froh
Da stillte sich der Mond im Licht der Nacht

Das die Weltkugel es nur weiß
Die Sonne kann sich nicht erden
Und kühler Mond geistlos zerreißt
Glückseligkeit im verstreutem werden

Du oder ich Ich oder Du
Wer bleibt wer kommt wer geht
Lebensabschnitte mit Wänden immer zu
Und die Welt sich dabei weiter dreht

Herbst

Herbstliche Stimmung das Jahr vergeht
Viele Blätter verfärbten in dieser Zeit
doch ein Blatt welches nicht weiter weht
bleibt grün im unsortierten Gedankenleid

Ach vollgesaugtes Regenblatt
In Bitterkeit getränkt
Einfarbig unverändert grün und glatt
Und dennoch so gekränkt

Kurz vorm Ausbruch Seelenbrand
Raus du musst weiterfliegen
wenigstens bis zum Waldesrand
Natur lass Freiheit siegen

Zu lange ruht es im neuen Laub
Tausende Schwingungen wehen vorbei
es bleibt grün es bleibt so taub
Wann färbt es sich endlich frei

Der Theaterbesuch

Die immer wiederkehrende Frage
ob du mich auch so spürst
Ach wie meine Seele in deiner Nähe brennt
Die innere Stimme
ob du mich doch bald berührst
so nah und doch so weit getrennt

Hamlet sprach von stechender Liebe
Oh ich dachte uns küssend ich dachte dich nackt
Atemlos kämpfte ich gegen meine Triebe
Die große Sehnsucht nach Körperkontakt

Wenn mein Herz schneller ist als mein Verstand
Sehnsüchte nach Berührung mich treiben
dann schwebe ich im Träumer Land
und will über magische Zuneigung schreiben

Im dunkelroten verworrenen Rosengarten
Erfrischt Sie Ihre Lippen
an einer Quelle
In träumerischen Gedanken
und sehnsüchtigen Warten
Spürt Sie energisch das sexuelle

Auf Ihre Brüste glüht das Abendlicht
Wie einige Rosen blühen die Knospen auf
mit voller Geduld und Zuversicht
Kühlt sie sich unermüdlich im Wasserlauf

Träumerei

Ängstlich befangen
folge ich meinem starken Hang
Der Lebenssaft sprudelt
Abgrund tief spür ich den Drang
Triebe Ohnmacht Lust und Verlangen
Ohnmacht Treue ein Beginn des Bangen

Tränen Gedanken
verschmelzender Atemstillstand
Unrealistisches buntes Märchenland
Gemeinsam in der Liebesphase
Ein Genuss ein Sterben in der Ektase

Schmetterlinge umkreisen
schon das blutende Herz
Es naht der große Sehnsuchtsschmerz
Der Kampf beginnt ach Liebesleid
Wie schön war seelenvergnügte Schweigsamkeit

Große innere Tränentropfen
Wie schnell und schmerzhaft die Herzen klopfen
Ohne Worte
ein schneller Blickkontakt
So starrt sie ins Leere
noch schwitzend noch nackt

Tschau

Ich hätte nie gedacht dass wir aus sind
Hunderte Kilometer gerannt
Am Stand wehte starker Gegenwind
und Mädchenträume verbrannt

Hast du gewusst dass nichts bleibt
zu lange liebte ich einen Stein
Und ich wünschte das es sich schreibt
aber alles in mir war einfach mein

Meine Hoffnung meine Fragen
meine Wünsche meine Liebe
und es gibt nichts mehr zu sagen
Als rieseltest du durch meine Siebe

Ausgrabung

Wie Wolken schweben Personen die ich gekannt
Durch mein unsortiertes Gedankenland
Sie schauen mich an in Ihrer Form
Sind anders als die Massennorm

Gedanken Plage Erinnerung Illustration
Sie sprechen zu mir im schlauen Ton
Ich kann nichts hören Wolkenbruch
Schauer Nässe Regengeruch

Ein Tropfen platzt auf mein Gesicht
Ein Blick ins ferne Tageslicht
Der Tropfen rieselt in mein Herz
Erweckt in mir den Trauerschmerz

Er reinigt die tief verdrängten Wunden
Oh mich hat ein Wiedergänger aufgefunden

Aus Liebe

Ich höre deine Musik ich kenne deine Texte
Meine Seele weint der Teufel verhexte
Unsere Freundschaft in sehnsüchtige Triebe

Ich singe deine Melodien ich kenne deine Texte
Meine Seele schreit der Teufel verhexte
Unsere Achtung in schmerzende Liebe

Ich höre deine Musik immer und immer wieder
Ich kenne deine Texte ich kenne deine Lieder
Du denkst wie ich mein Spiegelbild
du bist wie ich so triebhaft wild

Du fühlst wie ich du liebst wie ich
Tränen blutige Spiegelscherben
Schwarze Sehnsucht ein Messerstich
Wir wollten doch zusammen sterben

Erwachen

Ein Wald voller Träume
ein Meer gefüllt mit Ehrlichkeit
Weiße Alpen voller Bäume
Gefangen im grünen Liebesleid

Der See der Fluss der Bach
aus Seelenwasser geboren
Mensch sieh hin erwach
dein Herz ist kalt gefroren

Wiesen gesättigt vom Rosenduft
Blumen erfüllt von der Liebe
Harmonisch frische Frühlingsluft
Tiere im Drang voller Triebe

Mensch sieh hin erwach
Folge dem Gefühl
Liebe tanze lach
Dein Herz ist kalt und kühl

Spüre die Energie vom Sonnenschein
Fühle den sanften Wind
Genieße die Traube von reifen Wein
Spiele wie damals als Kind

Seifenblasen

Als wir im Traum zueinander fanden
uns in dünner Seifenblase wortlos verstanden
Als wir gemeinsam küssend schwebten
unsere Herzen emotionsvoll bebten

Plötzlich fielen wir tief in der Nacht
Blutig schmerzvoll aufgewacht
ich zog dich in die blaue Blase
Hoffnung Hoffnung Rettungsphase

Wenn der Wind mich
auf den richtige Wege weht
Ein Geist am Mondscheinhügel mich versteht
Wenn Tränen fließen und es regnet
dann bin ich dir im Traum begegnet

Ein Mensch der mich in der Seele verstand
wir schafften es nicht ins Seifenblasenland
Ein Mensch mit mir in hauchdünnen Blasen
Wir schafften aber die Liebesphasen

In Gedenken an M.Z. R.I.F.

//// ////

Inhaltsverzeichnis

Coverbild von Heike Winkler

gewidmet A.P.& H.W.
danke dafür